DISCOURS

SUR

LA PRÉSIDENCE

De la République,

PAR

A. E. LESDOS, de Cherbourg.

CHERBOURG.

IMPRIMERIE DE THOMINE, RUE NAPOLÉON, 1.

Novembre 1848.

DISCOURS

SUR LA

Présidence de la République.

———◆———

J'AIME la France parce que Dieu m'a fait naître français, je l'en remercie du plus profond de mon cœur, et je lui demande ardemment de me rendre digne de mon pays.

Appelé, d'après la Constitution, à donner, dans peu de jours, mon vote pour la présidence de la République, je veux m'instruire de mes devoirs, afin de ne pas abuser du droit que j'ai de coopérer à l'édification complète de notre état social, comme membre du Souverain, qui est le peuple.

Dans la première partie de mon discours j'expose les principes et les objections qui m'ont paru dignes d'exercer mon esprit et d'éclairer mon opinion. Les évènements qui se sont accomplis depuis le 24 février dernier, et dont les résultats sont encore pour nous d'impénétrables mystères, m'en ont fourni la matière.

Dans la seconde partie, je donne, guidé en cela par ma conscience, les raisons qui m'engagent à choisir plutôt tel candidat que tel autre, pour veiller à nos destinées communes.

LORSQUE, à l'aurore de notre présente République, j'osai recourir à la presse pour exposer quelques idées particulières, je crus, en ma qualité de citoyen *du charmant pays de France*, remplir un devoir sacré, sans abuser du droit de la parole, en ce qui concerne les opinions politiques. Je voyais tant d'individus s'élever au milieu du peuple auquel j'ai l'honneur d'appartenir, avec la prétention de se poser en législateurs, que je ne pouvais croire à une si grande suffisance de leur part. L'histoire de soixante siècles m'offrait un très petit nombre d'hommes doués de ce génie, *souffle de la Divinité* qui préside à la formation du monde social, et en ordonne l'harmonie, et tout-à-coup il en surgissait en foule !

On peut rencontrer des hommes de talent, qui rêvent de belles républiques, bonnes peut-être pour d'autres planètes ; mais en mettant à exécution leurs idées sur la nôtre, on trouve que ce sont des théories qui n'y peuvent vivre, l'air n'y pas respirable pour elles. Le *divin* Platon a imaginé une république de ce genre. Moïse qui parut onze cent quarante ans avant lui, en fonda une dont la constitution, théocratique et démocratique tout à la fois, est admirable, et qui a eu une longue durée: Moïse était un homme véritablement divin, un législateur pratique, Platon, un romanesque ou *un magnifique parleur,* comme dit quelque part, Plutarque.

Tout étonné de voir paraître à notre époque tant de systèmes sociaux, enfantés du reste assez facilement, je me suis fait quelque peu sceptique.

Le scepticisme m'a semblé, jusqu'à un certain degré, la planche de salut au milieu d'une telle agitation de doctrines. Quand l'anarchie règne, et qu'elle veut imposer aux esprits sa puissance et les courber sous le joug de sa servitude, il est bon de trouver un abri contre sa fureur aveugle et brutale.

Je doute à la manière de Montaigne et de Descartes, mais en attendant que la lumière paraisse. Le chaos n'a pas de principes. Je sens intérieurement qu'il faut à la raison humaine des principes lumineux qui émanent d'une raison qui soit le centre de la lumière intellectuelle. L'ordre est la loi de ces principes. Quand l'esprit est assez éclairé pour n'admettre ni préjugés ni sophismes, et qu'il s'avance courageusement à la recherche du vrai, il parvient à le découvrir et il croit, parce qu'alors sa *foi est logique.* Il aperçoit les principes constituants de la société humaine venant de leur source même, et l'ordre comme loi essentielle de la raison divine. Alors il comprend la théorie rigoureuse du pouvoir démocratique, non comme une doctrine qui renverse, mais qui fonde avec solidité. Il comprend alors que les variétés et les variations des écoles qui parlent de démocratie, ou de souveraineté populaire, sans partir de ces données, s'agitent vainement et recommencent l'œuvre de la plaine de Sennaar, sans plus de succès. La confusion est dans leur langage, *de sorte qu'elles ne s'entendent plus les unes les autres.*

Nous avons une Constitution. Est-elle bonne, ou ne l'est-elle pas ? Quelle sera sa durée ? Questions que l'avenir résoudra bientôt.

A peine mise en pratique, je serais surpris si je n'entendais pas dire : il y a ici des obscurités, là des incompatibilités, puis encore : il faut modifier, changer, ajouter et retrancher ceci et cela. De manière qu'en écoutant toutes les observations, l'esprit le plus habile ne pourrait parvenir à retrouver quelque chose de la première forme, si on exécutait ces changements. Il faut du nouveau à tout prix, tant les idées sont peu stables, chez beaucoup de personnes ! Au premier jour on prétendra que l'on peut changer notre espèce, et il se trouvera des gens qui admettront, pour le plaisir de soutenir des nouveautés et d'y donner cours, que, d'après une découverte digne de l'attention du public, l'espèce humaine peut, par tel et tel système scientifique, se modifier en une forme inconnue jusqu'à ce moment, et atteindre à une vieillesse comme il n'y en a jamais eu. On ira même jusqu'à confondre les incrédules en donnant les preuves chimiques les plus incontestables de la décomposition et recomposition de nos corps. Qu'oseront dire alors MM. Dumas, Pelouze et Fremy, Liebig et Orfila, quand ils verront sortir de l'officine des nouveaux Prométhées des hommes d'une espèce nouvelle surpassant de beaucoup la première, et faits avec des débris qu'ils auront palpés peu d'instants auparavant? Ils confesseront leur ignorance et voudront passer par le creuset. L'école phalanstérienne a peut-être de ces secrets qu'elle nous dévoilera d'une façon toute scientifique. Si elle n'en a pas, une autre école socialiste en aura. De la patience, la chose le mérite !

Si le temps démontre la nécessité de quelques modifications dans la Constitution française, c'est affaire de sagesse et de prudence, mais non de témérité.

Pour l'instant, deux sortes de principes se disputent, comme par le passé, le sceptre du monde social.

Il y a les principes du désordre, de l'immoralité, de l'égoïsme, du mensonge, du pillage et de l'assassinat. Leur dernier mot est NÉANT.

Il y a les principes d'ordre, de vertu, de justice, qui ont leur source dans la vérité éternelle, dans Dieu même. Leur dernier mot est IMMORTALITÉ.

Entre ces deux forces contraires, il s'est élevé une guerre à outrance. Il y a destruction, et il y aura victoire. Le bien l'emportera sur le mal. La Providence veille sur tout, dirige tout, ordonne tout ; elle a sauvé la France, elle la sauvera encore. La majorité du peuple est son organe, ce qu'elle veut doit être.

J'ai redouté par dessus tout de voir entrer des comédiens politiques dans le sein de l'assemblée nationale. Mes prévisions n'étaient-elles pas fondées ? Le temps ne l'a-t-il pas demontré par des preuves malheureusement trop certaines ?

Du moment où j'avais vu parodier avec si peu de raison, et à une époque si différente, les actes des Montagnards de 93 ; du moment où j'avais observé de quelle façon on s'y prenait pour convertir les départements ; du moment où j'avais entendu la doctrine des néo-révolutionnaires, j'ai pu croire, sans crainte de me tromper, que ma patrie était perdue sans ressource, si elle se soumettait à de tels maîtres. Il m'a semblé qu'ils regardaient la France comme une proie qu'il fallait déchirer et anéantir. Et mon cœur, plein d'amour pour elle, en a ressenti de cruelles angoisses. Quels spectacles, en effet, sont plus capables d'émouvoir le cœur du patriote sincère, que ceux qui ont été représentés d'une manière si sanglante dans le courant de cette année ? Pourquoi n'est-il pas possible de les effacer du livre que l'histoire burine pour la prostérité !

Pourquoi ?

Parce que, si nous voulons y prendre garde, ils sont une leçon providentielle, et par conséquent d'un enseignement profond, et pour la postérité et pour nous. Puisse l'expérience de ces jours néfastes, si peu éloignés encore, nous éclairer dans la voie nouvelle où nous nous disposons à marcher !

Je trouve, instruit par la logique des faits qui se sont accomplis, des vérités qui, à mon point de vue, paraissent incontestables : c'est que les sophistes néo-révolutionnaires ont produit beaucoup de mal et beaucoup de bien. Je m'explique.

Ils ont, en exagérant les droits d'une partie des citoyens, et négligeant les devoirs, jeté le trouble, la haine et la discorde au milieu de notre société. Ils ont, à force de prédications fanatiques, causé la guerre civile où de nombreux citoyens ont péri victimes, les uns de l'ordre et les autres de l'erreur. Qui osera les absoudre de leurs forfaits ? Les puissances de l'enfer, car elles seules ont pu les aveugler jusqu'à leur faire croire qu'avec de tels moyens ils régneraient. O excès de démence, que tu nous as coûté cher ! Que de sang ! Que de deuil ! Je conçois alors qu'ils eussent pour patrons Robespierre, Marat, Danton, Saint-Just, Hebert et autres démagogues forcenés du temps de la Terreur. Voilà le mal.

Comme aujourd'hui la société ne se laisse plus conduire par l'intimidation, et qu'elle veut tout peser, examiner, discuter, pour nier ou pour croire, pour rejeter ou pour choisir, on a beau crier comme les missionnaires de l'Islamisme, *Crois ou meurs*, elle reste impassible. Sa foi ne repose que sur la raison libre. Il se présente là de l'éclectisme, et par conséquent une hérésie dangereuse, penseront les adeptes de l'école socialiste de M. Pierre Leroux. Est-ce que M. Cousin se relèverait, ajouteront-ils en eux-mêmes, des coups de massue que lui a portés le grand apôtre socialiste, l'Hercule du parti? Sans s'inquiéter des philosophes, la société juge avec son bon sens. Si elle fait de l'éclectisme, c'est *sans le savoir*, comme l'un des héros de notre Molière. Quel a été, en fin de compte, le résultat de ses jugements? Que la doctrine révolutionnaire dont la nature est essentiellement anti-républicaine, ou anti-sociale, ce qui revient au même, ne lui convient pas. L'exagération est funeste dans la chose publique. Comme en tout, il y a une règle que l'on ne peut enfreindre sans danger. Les vertus elles-mêmes ont leurs limites, si vous les dépassez, vous vous trouvez entraîné dans le chemin glissant de l'erreur. Aussi, l'homme de génie qui a conseillé de *n'être pas plus sage qu'il ne convient*, avait-il bien compris l'état normal dans lequel nous devons vivre. La société a vu, dans la doctrine révolutionnaire, un tissu d'idées creuses, de théories aussi effrayantes dans leurs suites, que révoltantes, pour les cœurs droits, dans leurs moyens d'exécution. Elle y a trouvé des principes contradictoires, excepté dans une chose : l'organisation incontestable du désordre. Voilà le bien.

En choisissant un chef qui préside à nos destinées, voulons-nous un maître, ou un frère ?

Est-ce un disciple du Dieu de l'Évangile, que nous demandons, ou un imitateur des tyrans ?

Est-ce un être à visage humain, avec un cœur de tigre ?

Est-ce un homme avide de jouissances et livré à des passions qui le tyrannisent, et à cause desquelles il tyrannise les autres ?

Je demande un frère, un ami, un défenseur : amour et désintéressement d'une part, et de l'autre, courage et fermeté. Celui que je regarde comme le modèle des chefs des nations, *JÉSUS, au nom duquel tout genou doit fléchir au ciel, sur la terre et dans les enfers*, tout en soulageant, consolant et instruisant les infortunés, savait aussi, *parler avec autorité, et chasser du temple de Dieu son père, ceux qui en faisaient une caverne de voleurs*. Il faut qu'un chef, quelle que soit sa dénomination, soit fort et magnanime. Il trouve sa force dans la loi, l'estime et l'attachement du peuple ; son cœur lui dicte le reste.

En théorie, tout cela est bel et bon, les circonstances font les hommes, et rien n'est absolu en politique, m'objectera-t-on. J'ajouterai, moi, que les hommes font aussi très souvent les circonstances.

Il ne manque pas de matière à faire un président. La question est de savoir quel homme prendre, quel nom inscrire sur le bulletin. Le choix est embarrassant. Paris, il est vrai, nous annonce chaque jour, par ses journaux, les candidats de toutes les coteries. Doit-on prendre au sérieux les portraits qui nous parviennent? En ce cas, il faut s'abstenir, car ce que l'un fait blanc, l'autre le fait noir ou rouge. Le sage et honnête citoyen est forcé de se conformer au vieil adage, *dans le doute abstiens-toi*, s'il n'a pas la certitude de donner sa voix au candidat qui convient à la France. Si encore chaque coterie était dans un accord parfait, mais non, il y autant de nuances que d'individus, et l'une raille et injurie l'autre. Les coteries politiques ressemblent, pour qui les connaît, à celles que Molière, Le Sage et M. Reybaud ont représentées avec des traits et des couleurs si burlesques, ou plutôt *qu'ils ont diffamées d'un coup de leur art*. On y fait patte de velours pour un moment, puis après on se déchire mutuellement, et à belles dents. Savants et politiques sont sujets, par jalousie, à cette sorte de mal qui n'est point du ressort des disciples d'Hippocrate.

Je n'ai pu résister au désir de faire, comme je l'entends, le portrait idéal du président que je souhaite pour mon pays. J'aurais bien pu, en compilant les grands écrivains politiques, le produire avec plus d'effet. Bossuet et Fénelon m'auraient principalement fourni l'esquisse et le coloris. Chacun peut lire. aussi bien que moi, si toutefois il le juge à propos, ce que l'immortel archevêque de Cambray a écrit particulièrement à ce sujet, dans ses *Directions pour la conscience d'un roi*. Les mots ne faisant rien aux choses, que l'on change roi en président, si cela choque, peu importe, les conseils du vertueux instituteur n'en perdront rien de leur utilité, soit pour l'un, soit pour l'autre.

Quant à moi, je suis, je l'avoue sincèrement, très embarrassé de choisir. Je ne sais quel parti prendre, tant ma conscience est timorée. J'ai toujours présent à mon souvenir un certain apologue d'Esope, raconté par Phèdre et Lafontaine, dont je ne voyais pas autrefois toute la portée comme je la vois aujourd'hui. J'en trouve les conséquences effrayantes.

Une fable effrayer la conscience !

Des contes à l'usage des enfants remuer à ce point l'esprit d'un homme ! En vérité voilà des nouveautés à faire fortune !

C'est fort possible. Je l'accorde sans contestation. Il n'en est pas moins vrai que je tremble d'appréhension. *Les grenouilles qui demandent un roi à Jupiter*, me donnent, rien que d'y penser, un effroi dont je ne suis pas maître. Aujourd'hui ce n'est pas le fabuleux Jupin qui va, sur notre demande, nous donner l'individu que nous cherchons, vous et moi, mais bien notre vote.

Eloigné de Paris, centre de toutes les exploitations gouvernementales, ne connaissant la plupart des hommes que d'après d'infidèles ou partiales représentations, je crains pour notre état social de choisir un soliveau ou une hydre.

Je vais, dans la seconde partie de mon discours, exposer les renseignements qu'il m'a été possible de découvrir, afin de ne pas m'aventurer dans une route dangereuse, sans avoir eu recours à tout ce que la prudence indique.

SI, en déposant mon vote dans l'urne électorale, pour la présidence de la République, il m'importait peu quel nom y fût inscrit, ou que, guidé par l'intérêt personnel, j'acceptasse le candidat du parti que l'on regarde comme devant être vainqueur, parce qu'il porte le nom d'un héros, je serais indigne d'être compté parmi les enfants de la France. Mais il n'en est pas ainsi, je veux le bonheur de mon pays, et à la place du *moi*, je mets la société dont je suis membre. Je crains que l'égoïsme et l'indifférence ne la précipitent dans d'incalculables calamités, ne voulant pas y contribuer, j'interroge les faits, j'étudie les hommes, aussi bien dans le passé que dans le présent, puis je demande encore au ciel qu'il m'éclaire dans mes recherches.

Une révolution s'est accomplie au commencement de la présente année. Le hasard n'y a point contribué. Qui dit hasard, dit cause sans cause, ce qui est le comble de l'absurde. Un effet ne peut se produire sans cause. Ce serait la négation d'un Dieu. Il faudrait admettre à la place une

puissance fatale, mais on reviendrait toujours à
une cause. On ne sortirait pas du cercle, on s'é-
carterait plus ou moins pour revenir au même
point, tant la raison est inflexible quand le cerveau
qui la renferme n'est pas malade. Pour le sage,
il y a donc une cause rationnelle qui échappe
souvent à sa compréhension intellectuelle, pour
le moment, mais qui se développe peu à peu, et
finit par se montrer assez claire. Il reconnaît la
preuve incontestable, par sa propre expérience,
de la faiblesse de l'esprit humain dans une foule
de circonstances qui excitent et intéressent vi-
vement ses investigations. Le sage attend que la
lumière providentielle jaillisse, comme le rayon
qui, du soleil, jaillit vers nous ; jusque là, il sou-
met sa raison limitée, et il se prosterne respec-
tueusement devant celui qui, selon l'expression
du prophète Isaïe, *tient l'univers dans sa main*, ou
encore selon celle d'Homère, *qui peut soulever tout
avec sa chaîne, et dont le regard fait trembler
l'Olympe.*

Quels ont été les motifs qui ont déterminé la
puissance créatrice à laisser son œuvre, la terre
que nous habitons, en proie à tous ces boulever-
sements, à tous ces cataclysmes dont les preuves
sont si palpables, et qui, surtout depuis Descartes
et Leibnitz jusqu'à l'illustre Cuvier, ont tant occupé
les loisirs des savants et les occupent encore avec
ardeur ? Impénétrable mystère ! Buffon rêve de
magnifiques théories et les raconte avec un style
enchanteur, Cuvier cherche et découvre des
merveilles inconnues avant lui ; il compare les
êtres organisés dont il voit les traces dans les en-
trailles de la terre avec ceux qui habitent sa surface,
et il devine leurs formes. L'impulsion est donnée.
En France, en Angleterre, en Allemagne, partout,

les savants nous font part de leurs découvertes, enrichissent nos collections de tout ce qu'ils rencontrent dans les profondeurs du globe. Nous ne revenons pas de notre admiration quand ils énumèrent ces trésors d'un prix inappréciable pour la science, mais les raisons pourquoi notre planète a éprouvé les révolutions dont l'histoire est retracée en pareils caractères, ils ne les donnent pas. Dieu en a gardé le secret.

Quels sont les motifs qui déterminent la puissance créatrice à laisser son œuvre, la société humaine que nous formons, en proie à ces révolutions qui apparaissent de temps en temps au milieu d'elle? Les faits répondent: l'infraction aux lois qui conviennent à la nature du monde social, la préférence donnée au désordre sur l'ordre. C'est la reproduction du péché originel, dont parlent les traditions, avec ses suites funestes.

Sans suivre le cours des diverses révolutions de l'Orient, de la Grèce et de Rome, il suffit de s'arrêter à une époque de l'histoire de notre Occident, il suffit de jeter un regard sur l'état de la société en France pendant le 18e siècle. Un grand peintre en a retracé le tableau en traits que ne dédaignerait pas Tacite. Quelles étaient en général les mœurs des hautes classes? Un blasphème continuel lancé vers le ciel. L'immoralité avait atteint son dernier terme. En vain quelques esprits sages voulurent s'opposer aux ravages du fléau destructeur, il était trop tard. Tout retomba dans le chaos et les ténèbres jusqu'au moment où l'heure marquée dans les décrets éternels eût sonné, alors Dieu refit le monde social et il commanda à la lumière d'éclairer sa création nouvelle.

Qui a perdu les deux derniers rois? Leur aveuglement, leurs flatteurs ; je pourrais peut-être ajouter sans injustice, leur égoïsme.

Les honnêtes gens demandaient la réforme des abus. On n'en voulait point admettre l'urgence. Des hommes perfides en même temps qu'habiles, masquant leur savoir faire sous un semblant de dévouement, étaient plutôt écoutés et crus que ceux qui voyaient la vérité des choses, mais sans intérêt personnel, et qui disaient franchement, consciencieusement ce qu'ils jugeaient nécessaire pour le bien général. La persécution était leur récompense.

Ces préliminaires posés, j'arrive à l'examen des candidats à la présidence. J'interroge les divers partis politiques avec un esprit indépendant, entaché même d'éclectisme, qu'on me pardonne le mot ; mais afin qu'on ne s'y méprenne pas, je le traduis en termes clairs, et je résume ainsi mon système :

J'accorde mon estime à toute personne dont les opinions sont sincères et immuables, en tant qu'elles ne s'écartent pas d'un milieu raisonnable, éloigné d'excès. Je n'aime pas les transfuges d'un parti à un autre. On peut se convertir par croyance religieuse, je ne l'admets pas en opinion politique, parce que je trouve que chaque espèce de gouvernement est bonne en soi. N'allez pas, vous dirai-je, pour satisfaire votre ambition, agiter un pays afin de lui en imposer un qui ne peut être en rapport avec le caractère national ; laissez le peuple dire : je veux telle ou telle forme de gouvernement. Lorsque le général en chef de l'armée d'Italie conclut avec l'Autriche, à Passeriano, le traité du 17 octobre 1797, connu sous le nom de Campo-Formio, il prononça ces mémorables paroles :
« Le peuple français est maître chez lui, il a fait
« une république, peut-être demain fera-t-il une

« aristocratie, après demain une monarchie; c'est
« son droit imprescriptible ; la forme de son gou-
« vernement n'est qu'une affaire de loi inté-
« rieure. » Bonaparte jugeait la souveraineté du
peuple avec le bon sens qui le caractérisait. On
peut être de son avis, se faire son disciple sans
rejeter ni Platon, ni Cicéron, ni Montesquieu,
ni Jean-Jacques Rousseau, ni Voltaire, tous philosophes qui assurément ont aussi de belles doctrines quand ils ne rêvent pas. Je n'ai garde également d'abandonner tout-à-fait MM. Cousin,
Guizot et l'abbé de Lamennais.

De cette synthèse, je passe à l'analyse.

Je commence par les légitimistes. Ils se divisent
en deux catégories, les fidèles et hérétiques. Les
hérétiques sont ceux qui, par peur ou par intérêt
personnel, ont adopté les idées républicaines. Ne
les estimant point assez, pour croire à la sincérité
de leur changement, je les laisse pour les retrouver un peu plus tard. Je demande aux légitimistes
fidèles au drapeau blanc fleurdelisé, ce qu'ils veu-
lent. J'apprends, que depuis la révolution de 1830
ils attendent le moment opportun, mais sans
conspiration, pour offrir à la France, le représen-
tant de la branche aînée de Bourbon. Ce n'est pas
un président qu'ils désirent ; mais un trône héré-
ditaire, un roi constitutionnel, un père du peuple,
à ce qu'ils disent. D'après eux, M. le duc de
Bordeaux réunit toutes les qualités qui doivent
être l'apanage d'un bon prince. Il aurait pris le
nom de Henri V, s'il était monté sur le trône de
ses ancêtres. Je ne conteste pas ses mérites. J'admets qu'il est un preux et courtois chevalier;
qu'il a tout ce qu'il faut pour être un grand roi;
mais la France étant constituée en République,
et n'admettant qu'un président électif, je félicite

les légitimistes de leur fidélité et je continue ailleurs mes études.

Voici les partisans de la branche cadette de Bourbon, également divisés en deux catégories, fidèles et hérétiques. J'écoute les premiers. Je reviendrai aussi un peu plus tard aux seconds. Les fidèles me disent : Sincèrement attachés au trône de juillet, nous avons vu avec peine l'impopularité dans laquelle la famille d'Orléans est tombée; mais il est un enfant qui, privé d'un entourage dangereux, confié à la garde de sa mère, ange de douceur et de modestie, un enfant qui, guidé par la vertu, pouvait rallier les Français autour de sa personne. On ne l'a pas voulu. Et cependant, par ce moyen, la France était sauvée. Qu'elle le rappelle en choisissant une régence qui convienne à la majorité du peuple, la confiance renaîtra, le commerce reprendra son cours, et le bonheur sera pour tous. Mon argument est le même pour la branche cadette que pour la branche aînée.

Viennent les napoléoniens. A ce nom, je m'arrête un instant. Je suis saisi d'étonnement et d'admiration. Je sais que toujours,

> On parlera de sa gloire,

comme a chanté le poète, mais reviendrait-il lui, qui

> Se fit un jeu des sceptres et des rois ?

Je médite quelques moments; mon imagination m'emporte ; je n'y puis résister; le sujet m'enlève hors de moi. Je contemple le héros.....
Qu'il se rencontre un homme qui réunisse dans son esprit les talents d'un grand général, le coup-d'œil d'un profond politique et la science d'un

véritable législateur ; que de plus, l'époque où il apparaît soit favorable au développement du triple génie dont il est doué ; qu'entraîné par les évènements, ou plutôt par la main de Dieu, sur les champs de bataille, il conduise ses armées de victoires en victoires ; qu'il rétablisse l'ordre dans sa patrie déchirée par les factions anarchiques ; que dans ses traités avec les rois qu'il a vaincus, il surprenne par la perspicacité de ses décisions ; qu'il devienne le restaurateur de la religion et des lois ; qu'il fasse sortir, comme délégué de Dieu, du chaos révolutionnaire, une société nouvelle ; qu'enfin, couvert de gloire, après avoir étonné l'Occident et l'Orient, le peuple au milieu duquel il a brillé d'un éclat si éblouissant, lui décerne la couronne des rois dont le dernier venait de mourir quelques années auparavant sur l'échafaud, et qu'il semblait que jamais ce peuple ne souffrirait la puissance absolue dans un seul individu, voilà de ces choses qui nous frappent d'éblouissement comme si nous voulions fixer le soleil. Cela se voit une fois. *Nos pères l'ont vu, et nous l'ont raconté.* Et nous, enfants d'un autre âge, nous avons été témoins du retour des restes mortels du héros ! Tu les as reçus, CHERBOURG, ma ville natale ! Et moi, je leur ai rendu mes hommages respectueux comme à de précieuses reliques. O Napoléon Bonaparte, devais-tu mourir comme tu es mort ? Oui, puisque tu as su rester aussi grand étant captif, que tu l'avais été dans la carrière où tu te couvris de gloire !

Un tel prodige est offert une fois, répéterai-je. Un tel homme n'a pas de continuateur ; il est seul de sa race.

Alexandre a-t-il eu un successeur qui soutint son nom ?

César a-t-il eu aussi un successeur qui soutint son nom ?

Napoléon Bonaparte peut-il être représenté par quelqu'un qui soutienne son nom ?

Où est celui qui osera répondre affirmativement ?

Voyez donc le front de ces hommes-là, puis demandez au physiologiste la différence qu'il trouve entre la capacité du cerveau, siége de la pensée, chez de pareils sujets et chez les individus de talents ordinaires comme il en existe un si grand nombre. Il vous répondra à l'égard des trois héros par l'exclamation de Kléber : *Grands comme le monde !* Et vous n'oserez établir de comparaison. Vous comprendrez que c'est la goutte d'eau auprès de l'Océan.

L'empereur avait une nombreuse famille. Aujourd'hui plusieurs de ses neveux font partie de notre assemblée nationale. L'un d'eux est porté comme candidat à la présidence de la République: il s'appelle comme le héros, Napoléon. Jusqu'à ce jour il est resté à peu près inconnu sous le rapport des talents. Ses amis promettent, dit-on, de grandes améliorations gouvernementales. Les promesses deviennent toujours illusoires. L'expérience démontre chaque jour que c'est la ressource des ambitieux dont le mérite personnel ne parle pas assez de lui-même. Mais à quels titres réels M. Louis-Napoléon Bonaparte devrait-il l'honneur insigne de se trouver à la tête de la nation française ? Ne faudrait-il pas avoir rendu quelques services au pays, pour briguer ces sublimes fonctions ? Ne serait-il pas juste de s'être enrichi tout d'abord, sinon de faits glorieux, du moins de vertus civiques et de connaissances incontestables ? Pour remplir dignement la suprématie que la loi confère au président de la République, il ne faut pas être un homme ordinaire. Je ne dis point que M. Napoléon le soit, mais je voudrais avoir la preuve qu'il ne l'est pas. Je suspends mon jugement.

J'ai entendu parler d'un triumvirat pour renverser la République. Je désire de tout mon cœur que jamais pareille coujuration ne se forme, et surtout dans un moment où nous ne pouvons avoir trop d'horreur pour tout ce qui tendrait à changer par de nouvelles révolutions, et au prix du sang des citoyens, la forme actuelle de gouvernement. On a dit, je tremble de l'énoncer, tant je mets en doute un calcul aussi infernal, que des partisans des deux dernières dynasties détrônées, tout en paraissant convertis sincèrement à la République, devaient joindre leurs voix à celles des partisans de M. Napoléon, parce qu'ils comptaient que la présidence serait bientôt renversée et que la royauté reparaîtrait de suite en France. Est-ce vrai? Je regrette de n'avoir pas la foudre de Mirabeau, pour écraser ces conspirateurs! L'indignation de mon cœur est sans bornes. Eh bien! Je prédis à de pareils politiques ce qu'un prophète prédisait autrefois au milieu du peuple juif: *Semez des vents, et vous moissonnerez des tempêtes!*

Daigne le ciel confondre de pareils desseins! que Dieu sauve encore et toujours mon pays! Je l'espère.

> Celui qui met un frein à la fureur des flots,
> *Saura de ces* méchants arrêter les complots.

Si l'enfer suscite un Catilina, comptons que la Providence nous donnera un Cicéron.

J'arrive maintenant à des hommes qui se croient et se disent les seuls, les vrais républicains. Ils portent sur leurs visages des signes de mécontentement. J'apprends que, selon eux, la République est à l'agonie parcequ'on n'a pas su, en temps convenable, élever l'esprit de la nation au degré d'enthousiasme révolutionnaire qui était son salut. Ils croient à la sainteté de Maximilien Robespierre, avec autant de fermeté que Catherine Théot, sa prophétesse. Les voilà qui s'échauffent et s'agitent comme des énergumènes. Ils parlent toutes sortes de langues et font un bruit étourdissant. Ne les comprenant plus, peut-être ne se comprennent-ils pas eux-mêmes, je quitte leur sabbat et je passe, de ces mystiques satanisés, aux chevaliers du parti. Leur oriflamme est rouge, couleur sang, surmontée d'un charmant bonnet phrygien de la même couleur. Ils ont pour devise celle que nous voyons partout, seulement je lis en plus : OU LA MORT. Ils portent de si effrayantes moustaches, ils ont l'air si rebarbatif, que je n'ose mettre en doute leur bravoure. Avec toute la dialectique d'Aristote, on ne me prouverait pas qu'ils ne sont point braves. Qu'ils me permettent cependant, de leur demander, chapeau bas, s'ils n'ont pas trop de réminiscences du seigneur Don-Quichotte de la Manche? Je les laisse mettre la question aux voix et dépouiller le scrutin. En attendant le résultat, je vais à d'autres, car le temps est précieux.

J'écoute les républicains qui passent pour être sages, modérés et prudents. M. le général Cavaignac paraît convenir au plus grand nombre. Comme militaire, je le crois hors ligne, puisque, jeune encore, il a acquis un grade élevé. Membre de l'assemblée nationale, et choisi par elle pour combattre l'émeute du mois de juin, il a rempli sa mission au gré de cette même assemblée et de la France entière. Chef du pouvoir exécutif, modéré dans ses opinions, conciliateur même des partis, M. Cavaignac s'est fait une grande popul, rité ; il est possible qu'il arrive à la présidence. Le plus grand nombre des citoyens amis de l'ordre se décident à l'y appeler parce qu'ils croient trouver en lui la sentinelle vigilante toujours prête à donner l'éveil au moment du danger, aussi bien que le militaire expérimenté qui appellera des généraux habiles à la tête de nos armées pour combattre les ennemis de la patrie, et l'administrateur consciencieux qui fermera l'oreille au favoritisme pour ne faire droit qu'aux services, aux talents et à la probité.

On parle peu de M. de Lamartine. Cependant je ne puis admettre qu'un homme doué d'une si haute intelligence ne fût pas à sa place, s'il était président de la République. Quand il visita l'Orient, une sibylle, Lady Stanhope, lui prophétisa, d'après quelques traits caractéristiques, un avenir brillant qu'elle voyait déjà comme présent. Sans m'arrêter à ces prédictions, je l'apprécie d'après les traits moraux qui m'ont personnellement frappé. Ame grande, esprit céleste, cœur généreux, source d'une parole entraînante, voilà ce que mes yeux m'ont fait voir dans le poète orateur. Veut-on échapper aux impressions d'un tel génie? Il ne faut ni le voir, ni l'entendre, ni le lire. Il faut la prudence d'Ulysse. Les Grecs de Constantinople appelèrent saint Jean, leur évêque, qui était le prélat le plus éloquent de l'église d'Orient, *Bouche-d'or* ou *Chrysostôme*, la même épithète convient à juste titre à notre poète orateur. Il est la personnification de l'éloquence et de la poésie. M. de Lamartine n'est pas jugé de la sorte par l'universalité de ses compatriotes, je le sais bien. Les Béotiens d'autrefois savaient-ils apprécier Orphée, Homère,

Démosthènes et Pindare? Il en est de même des Béotiens modernes.

Au moment de la révolution du 24 février, et depuis, dans les circonstances les plus difficiles M. de Lamartine a montré ce qu'il était capable de faire. Quel gré lui en a-t-on su? On a contesté les services qu'il a rendus. Où la vertu conduisit-elle Aristide? A l'ingratitude, au bannissement, à la pauvreté. Chateaubriand a dit qu'il voudrait être Milton au prix de ses malheurs, M. de Lamartine ne voudrait-il pas être Aristide au prix des siens?

Si l'on me demandait quel rapport je vois entre ces deux personnages, je dirais en premier lieu: M. de Lamartine est doué d'une âme trop grande pour n'être pas sorti les mains aussi nettes que l'ethénien des fonctions publiques qui lui avaient été confiées; en second lieu: j'ai remarqué que ses ennemis le jugent avec autant de justice que le fut l'homme illustre auquel je le compare. A qui ressemblent-ils? Ils ressemblent à ce paysan de l'Attique, qui ne connaissait pas Aristide, et qui avouait que jamais il n'avait eu à se plaindre de lui, mais qui voulait le condamner à l'exil par cela seul qu'il était ennuyé de l'entendre appeler le Juste. Admirables raisons! Messieurs! En vérité ne faut-il pas vous applaudir?

De toutes mes observations je conclus que, chargé depuis plusieurs mois de la présidence du pouvoir éxécutif, après avoir contribué au salut de la République que l'anarchie voulait renverser, M. Cavaignac étant le candidat des électeurs amis de l'ordre qui me paraissent le porter presque unanimement et pour de justes raisons, à la présidence de la République, je joindrais mon suffrage aux leurs, s'il n'était acquis par des motifs que je crois fondés, à M. de Lamartine. Puisse le choix que la France va faire, ramener la paix dans la société, l'extinction des haines dans les opinions politiques, l'économie dans les charges qui pèsent sur le peuple, la confiance dans le commerce et l'agriculture, le bonheur partout, puis enfin.

Que Dieu sauve la République!

FIN.